PAPA FRANCISCO

VIDA
APÓS A PANDEMIA

Prefácio do
Cardeal Michael Czerny, SJ

LIBRERIA
EDITRICE
VATICANA

Na capa:
© Daniele Garofani

Para o texto: *Um plano para ressuscitar*
Texto original em espanhol: © *Vida Nueva*
Tradução portuguesa: © *L'Osservatore Romano*

© Copyright 2020 – Libreria Editrice Vaticana
00120 Città del Vaticano
Tel. 06.698.45780 - Fax 06.698.84716
E-mail: commerciale.lev@spc.va

Edição em papel
ISBN 978-88-266-0449-7

Edição Digital
ISBN 978-88-266-0435-0

www.vatican.va

www.libreriaeditricevaticana.va

Prefácio

do Cardeal Michael Czerny, SJ

Nos primeiros meses de 2020, o Papa Francisco refletiu com frequência sobre a pandemia do coronavírus, à medida que esta se apoderou da família humana. Foram aqui recolhidos oito textos significativos, falados e escritos pelo Pontífice entre 27 de março e 22 de abril. A quem e como falou ele? O que disse, e por quê?

Para além das suas ocasiões específicas, estes oito textos poderiam ser lidos em conjunto como uma única progressão do seu pensamento e como uma mensagem rica à humanidade. A coletânea tem dois objetivos. O primeiro é o de sugerir uma direção, chaves de leitura e diretrizes para a reconstrução de um mundo melhor que possa nascer desta crise da humanidade. O segundo objetivo é, em meio a tanto sofrimento e perplexidade, semear a esperança. O Papa fundamenta claramente esta esperança na fé, porque «com Deus, a vida não morre jamais».[1]

---

[1] *Mensagem* Urbi et orbi *durante o Momento Ex-*

Começamos com a mensagem *Urbi et orbi*, título de um importante tipo de discurso papal de longa tradição. Em 17 dias o Papa Francisco dirigiu-se solenemente e abençoou a cidade (*Urbi*) de Roma, da qual é Bispo, e o mundo inteiro (*orbi*): no dia 27 de março, uma ocasião sem precedentes, na extraordinária oração de adoração na Praça São Pedro; e no dia 12 de abril, como tradição, no domingo de Páscoa.

A bênção *Urbi et orbi* convida toda a humanidade a ouvir de forma tão inclusiva como o fez na *Laudato si* em 2015 – «Quero dirigir-me a cada pessoa que habita neste planeta»[2] – e a *Querida Amazonia* de fevereiro de 2020, que falou «ao povo de Deus e a todas as pessoas de boa vontade».

Embora se aplique estritamente apenas a dois dos textos que estamos questionando, a *Urbi et orbi*, de alguma forma, caracteriza os oito textos desta coletânea sobre a crise da COVID-19. Eles falam das necessidades e do sofrimento das pessoas em várias situações locais na maneira muito pessoal, sentida, comprometida e esperançosa do Papa. São

---

traordinário de Oração. "Por que sois tão medrosos?", Adro da Basílica de São Pedro, 27 de março de 2020.

[2] Carta enc. *Laudato si'*, 25 de maio de 2015, 3.

também mensagens verdadeiramente univer-
sais, não apenas porque o vírus ameaça todos
sem discriminações, mas sobretudo porque o
mundo após a COVID-19 deve ser realizado
por todos. Estes oito textos mostram a abor-
dagem calorosa e inclusiva do Papa Francisco,
que não reduz as pessoas a unidades a serem
contadas, medidas e geridas, mas une todos
em humanidade e espírito. E depois, com não
menos calor e inclusão, o Papa desafia todos
– desde os mais influentes aos mais humildes
– a ousar fazer o bem, e fazer melhor. Nós podemos! Temos de o fazer!

«Desta colunata que abraça Roma e o
mundo desça sobre vós, como um abraço
consolador, a bênção de Deus».[3] A *Urbi et orbi*
se dirige aos chefes de Estado e de Governo,
os que têm poder de decisão do mundo, «os
que têm autoridade»,[4] os privilegiados que
pertencem a «uma pequena parte da humanidade que avançou, enquanto a maioria ficou
para trás».[5] O Santo Padre coloca em discus-

---

[3] *Por que sois tão medrosos?, op. cit.*

[4] *Catequese na Audiência Geral por ocasião do 50º Dia da Terra. "Vencer os desafios globais"*, 22 de abril de 2020.

[5] *Homilia no II Domingo da Páscoa (ou da Divina Misericórdia). "O egoísmo: um vírus ainda pior"*, 19 de abril de 2020.

são e desafia «os que têm responsabilidade nos conflitos»[6] e «os que detêm o poder econômico».[7]

«Encorajo todas as pessoas que detêm responsabilidades políticas a trabalhar ativamente em prol do bem comum»[8] declara Francisco, e muitos países partilharam, de fato, informações, conhecimentos e recursos. Ao mesmo tempo a gratidão e o afeto do Papa vão «para quantos trabalham assiduamente para garantir os serviços essenciais necessários à convivência civil, para as forças da ordem e os militares que em muitos países contribuíram para aliviar as dificuldades e tribulações da população».[9]

Nesta coletânea única, o Papa Francisco escuta e olha também para os muitos que normalmente são mantidos em silêncio e invisíveis. Na Páscoa escreveu aos movimentos ou às organizações de base da economia informal ou popular. «A nossa civilização [...] precisa de uma mudança, de um balanço, de uma re-

---

[6] *Mensagem* Urbi et orbi – *Páscoa, "Como uma nova chama"*, 12 de abril de 2020.

[7] *Carta aos Movimentos Populares. "A um exército invisível"*, 12 de abril de 2020.

[8] *Como uma nova chama, op. cit.*

[9] *Ibid.*

generação. Vós sois construtores indispensáveis desta mudança que já não pode ser adiada».[10] E com uma breve mensagem, «quero agora saudar o mundo dos jornais de rua especialmente os seus vendedores na sua maioria sem abrigo, severamente marginalizados, desempregados».[11] Esta é provavelmente a primeira vez que estas pessoas são tidas em conta e ainda mais saudadas com respeito; e continua: «Nestes dias olhar para os mais pobres pode ajudar-nos a todos a tomar consciência do que realmente nos está acontecendo e da nossa verdadeira condição».[12]

Dirigindo-se a cada um e a todos diretamente, não "do alto" ou em abstrato, Papa Francisco estende a mão com afeto paternal e compaixão para fazer seu o sofrimento e o sacrifício de tanta gente: «Que o Senhor da vida acolha os defuntos no seu reino e conceda conforto e esperança aos que ainda sofrem, especialmente os idosos e os que estão sós. Que ele nunca retire o seu consolo e a sua ajuda àqueles que são especialmente vulneráveis, como as pessoas que trabalham em clínicas,

---

[10] *A um exército invisível, op. cit.*

[11] *Carta ao mundo dos jornais de rua,* 21 de abril de 2020.

[12] *Ibid.*

ou vivem em casernas e prisões».[13] E a lista continua: «médicos, enfermeiros e enfermeiras, fornecedores, limpadores, cuidadores, transportadores, forças de ordem, voluntários, sacerdotes, religiosos e religiosas»,[14] assim como «pais, mães, avós e professores que mostram às nossas crianças, com pequenos gestos diários, como enfrentar e atravessar uma crise, ajustando suas rotinas, levantando o olhar e promovendo a oração».[15] E solidariza: «Quão difícil é ficar em casa para quem mora em uma pequena casa precária ou para quem de fato não tem teto. Quão difícil é para os migrantes, as pessoas privadas de liberdade ou para aqueles que realizam um processo de cura para dependências».[16] E «penso nas pessoas, especialmente mulheres, que multiplicam o pão nos refeitórios comunitários, cozinhando com duas cebolas e um pacote de arroz um delicioso guisado para centenas de crianças, penso nos doentes, penso nos idosos. [...] nos camponeses e os agricultores familiares, que continuam a trabalhar para produzir alimentos saudáveis, sem destruir a natureza,

---

[13] *Como uma nova chama, op. cit.*

[14] *Por que sois tão medrosos?, op. cit.*

[15] *Ibid.*

[16] *A um exército invisível, op. cit.*

8

sem monopolizá-los ou especular com a necessidade do povo».[17]

Então, o que diz o Papa e por quê? No máximo, como uma «alternativa, resta apenas o egoísmo dos interesses particulares e a tentação dum regresso ao passado, com o risco de colocar a dura prova a convivência pacífica e o progresso das próximas gerações»;[18] e com isso vem o «perigo de esquecermos quem ficou para trás. O risco é que nos atinja um vírus ainda pior: o da indiferença egoísta».[19]

«O que está acontecendo nos abala dentro»[20] e todos se reconheçam «como parte duma única família e se apoiem mutuamente».[21] «É tempo de remover as desigualdades, sanar a injustiça que mina pela raiz a saúde da humanidade inteira!».[22]

Chegou o momento de nos prepararmos para uma mudança fundamental no mundo após COVID. Em uma nota escrita a mão a um juiz argentino, o Papa enfatiza: «É importante

____

[17] *Ibid.*

[18] *Como uma nova chama, op. cit.*

[19] *O egoísmo: um vírus ainda pior, op. cit.*

[20] *Ibid.*

[21] *Como uma nova chama, op. cit.*

[22] *O egoísmo: um vírus ainda pior, op. cit.*

nos prepararmos para o depois».[23] E numa recente entrevista, não presente nesta coletânea, registrando suas respostas à um jornalista britânico, afirma que «as consequências já começaram a se revelar como trágicas e dolorosas, é por isso devemos pensar nisso agora».[24]

Como membros de uma única família humana e habitantes da única casa comum, um egoísmo perigoso nos infecta muito mais do que a COVID-19. «Falhamos na nossa responsabilidade de guardiães e administradores da Terra. *Basta olhar a realidade com sinceridade para ver que há uma grande deterioração da nossa casa comum.* Poluímo-la, saqueámo-la, colocando em perigo a nossa própria vida [...]. Não há futuro para nós se destruirmos o meio ambiente que nos sustenta».[25] Agora, diante da pandemia, temos vivido ampla e vividamente a nossa interligação na vulnerabilidade. Grande parte da humanidade respondeu a esta vulnerabilidade com determinação

---

[23] *Carta ao Dr. Roberto Andrés Gallardo. "A preparação para o futuro é importante"*, 30 de março de 2020.

[24] Cf. AUSTEN IVEREIGH, *"A Time of Great Uncertainty". An interview with Pope Francis ["Um período de grande incerteza". Entrevista com o Papa Francisco]*, 8 de abril de 2020.

[25] *Vencer os desafios globais, op. cit.*

e solidariedade. Provamos que o podemos fazer, que podemos mudar, e cabe-nos agora traduzir estas características em uma conversão permanente com determinação e solidariedade para fazer face às nossas ameaças maiores e a mais longo prazo.

Chegou também o momento de refletir sobre as atividades econômicas e sobre o trabalho. Voltar apenas ao que se fazia antes da pandemia pode parecer a escolha mais óbvia e prática, mas por que não mudar para algo melhor? Por que reinvestir nos combustíveis fósseis, na monocultura e na destruição das florestas tropicais quando sabemos que agravam a nossa crise ambiental? O Papa está preocupado «com a hipocrisia de certos personagens políticos que dizem que querem enfrentar a crise [...] mas enquanto falam fabricam armas».[26] Certamente, precisamos de "armas" de um tipo diferente para combater as doenças e aliviar os sofrimentos, a começar por todo o equipamento necessário para clínicas e hospitais de todo o mundo. Pensemos corajosamente fora dos padrões! Depois do que já passamos este ano, não devemos ter medo de nos aventurarmos por novos caminhos e de propor soluções inovadoras.

---

[26] Cf. IVEREIGH, *A Time of Great Uncertainty, op. cit.*

O trabalho de assistência à saúde requer certamente reconhecimento, apoio e inovação. A pandemia demonstrou o quanto os cuidados de saúde sejam fundamentais e estratégicos. No entanto em muitos países é um setor ignorado: os salários são baixos, os hospitais têm poucos funcionários, os turnos são pesados, faltam contratos formais e benefícios. Muitos profissionais da saúde são informais: «Vocês, trabalhadores informais, independentes ou da economia popular, não têm um salário estável para resistir a esse momento».[27] Muitos são imigrantes. Por que os trabalhadores de outros setores, que dão um contributo social muito menos importante, ganham muito mais do que os profissionais da saúde? Além disso, a valorização dos profissionais da saúde melhoraria significativamente a situação das mulheres, uma vez que elas são numericamente predominantes neste setor: mais uma razão para que o trabalho dos profissionais da saúde não seja marginal. Mostremos a mesma agilidade operacional demonstrada no sucesso do bloqueio do vírus, reabilitando e melhorando todo o setor dos profissionais da saúde.

----

[27] *A um exército invisível, op. cit.*

Esta lógica deve se estender a todo o setor informal. «Muitos de vocês vivem o dia a dia sem nenhum tipo de garantias legais que os protejam».[28] Estes são os trabalhadores com menos proteção durante a quarentena, mesmo se muitos deles sejam tão essenciais quanto os que têm um emprego estável. «Vendedores ambulantes, os recicladores, os feirantes, os pequenos agricultores, os pedreiros, as costureiras, os que realizam diferentes tarefas de cuidado [...] as quarentenas são insuportáveis».[29] O Papa pede-nos que mostremos coragem na inovação, experimentando novas soluções e enveredando por novos caminhos.

Olhando para o futuro, vamos ler os sinais que a COVID-19 exibiu claramente. Não esqueçamos o quanto a perda do contato humano durante este tempo nos tenha empobrecido profundamente, quando fomos separados dos vizinhos, dos amigos, colegas de trabalho e especialmente da família, incluindo a crueldade total de não podermos acompanhar os moribundos nos seus últimos momentos de vida e depois chorá-los devidamente. Não consideremos óbvio o fato de

---

[28] *Ibid.*
[29] *Ibid.*

podermos retomar a convivência no futuro, mas redescubramo-la e encontremos formas de fortalecer agora esta possibilidade.

Desafiar e mudar as indústrias atuais, reconhecer o trabalho informal, e reforçar o trabalho da assistência de saúde são a ordem do dia na agenda política. «Espero que os governos entendam que os paradigmas tecnocráticos (sejam centrados no Estado, sejam centrados no mercado) não são suficientes para enfrentar esta crise e nem os outros problemas importantes da humanidade. Agora, mais do que nunca, são as pessoas, as comunidades, os povos que devem estar no centro, unidos para curar, cuidar, compartilhar».[30]

Neste momento já compreendemos que *todos* estão envolvidos e implicados por causa da COVID-19: desigualdade, aquecimento global e má gestão ameaçam todos. Devemos também compreender que devem ser introduzidas mudanças nos paradigmas e sistemas que colocam o mundo inteiro em perigo. A nossa vida após a pandemia não pode ser uma réplica do que se passou antes, independentemente de quem costumava se beneficiar de forma desproporcionada. «E usemos de

---

[30] *Ibid.*

misericórdia para com os mais frágeis: só assim reconstruiremos um mundo novo».[31]

A COVID-19 permitiu-nos por à prova o egoísmo e a concorrência, e a resposta está em: se continuarmos a aceitar e a exigir uma concorrência implacável entre interesses, empresariais e nacionais onde os perdedores são destruídos, então, no final, também os vencedores acabarão por perder juntamente com os restantes, porque este modelo é insustentável em todas as escalas: desde o vírus microscópico às correntes oceânicas, à atmosfera mundial e às reservas de água doce. Uma nova era de solidariedade teria todos os seres humanos no mesmo plano de dignidade, cada um assumindo a sua responsabilidade e contribuindo para que todos, a si próprio e aos outros e às gerações futuras, pudessem prosperar.

Junto com a visão, empenho e ação, o Papa Francisco demonstrou como a oração é fundamental para reorientar o nosso olhar na esperança, especialmente quando a esperança se torna tênue e luta para sobreviver. «Quantas pessoas rezam, se imolam e intercedem pelo bem de todos! A oração e o serviço silencioso: são as nossas armas vencedoras».[32]

---

[31] *O egoísmo: um vírus ainda pior, op. cit.*
[32] *Por que sois tão medrosos?, op cit.*

Enquanto conduzia o mundo em adoração no dia 27 de março, o Santo Padre ensinava que rezar significa:

- escutar, para nos deixarmos perturbar pelo que estamos vivendo, para enfrentar o vento e o silêncio, a escuridão e a chuva, para deixarmos que as sirenes das ambulâncias nos perturbem;
- reconhecer que não somos autossuficientes e, portanto, confiar-nos em Deus;
- contemplar o Corpo de Cristo para ser permeados pela sua maneira de fazer, dialogar com Ele para acolher, acompanhar e apoiar como Ele fez;
- aprender de Jesus a carregar a cruz e, juntamente com Ele, a assumir o sofrimento de muitos;
- imitá-lo na nossa fragilidade para que, através da nossa fraqueza, a salvação entre no mundo;
- olhar para Maria, "Saúde do Povo e Estrela do Mar Tempestuoso e pedir-lhe que nos ensine a dizer *Sim* todos os dias e estar disponível, de forma concreta e generosa.

A oração torna-se hoje o caminho para descobrir como se tornar discípulos e missionários, encarnando o amor incondicional em circunstâncias muito diversas para cada ser humano e cada criatura. Este caminho pode conduzir-nos a uma visão diferente do mundo, das suas contradições e das suas possibilidades, pode ensinar-nos dia após dia como converter as nossas relações, os nossos estilos de vida, as nossas expectativas e as nossas políticas para o desenvolvimento humano integral e para a plenitude da vida.

Portanto, a escuta, a contemplação, a oração são parte integrante da luta contra as desigualdades e as exclusões e a favor de alternativas que sustentem a vida.

Papa Francisco diz a cada leitor desta coletânea, a cada comunidade e sociedade, *Urbi et orbi*: «Rezo por vós, rezo convosco. Quero pedir ao nosso Deus Pai que os abençoe, encha vocês com o seu amor e os defenda ao longo do caminho, dando-lhes a força que nos mantém vivos e não desaponta: a esperança».[33]

---

[33] *A um exército invisível, op. cit.*

PAPA FRANCISCO

VIDA
APÓS A PANDEMIA

Porque sois tão medrosos?

«Ao[34] entardecer…» (*Mc* 4,35): assim começa o Evangelho, que ouvimos. Desde há semanas que parece o entardecer, parece cair a noite. Densas trevas cobriram as nossas praças, ruas e cidades; apoderaram-se das nossas vidas, enchendo tudo dum silêncio ensurdecedor e um vazio desolador, que paralisa tudo à sua passagem: pressente-se no ar, nota-se nos gestos, dizem-no os olhares. Revemo-nos temerosos e perdidos. À semelhança dos discípulos do Evangelho, fomos surpreendidos por uma tempestade inesperada e furibunda. Demo-nos conta de estar no mesmo barco, todos frágeis e desorientados mas ao mesmo tempo importantes e necessários: todos chamados a remar juntos, todos carecidos de mútuo encorajamento. E, neste barco, estamos todos. Tal como os discípulos que, falando a uma só voz, dizem angustiados «vamos perecer» (cf. 4,38), assim também nós nos apercebemos de que não podemos continuar a estrada cada qual por conta própria, mas só o conseguiremos juntos.

---

[34] *Mensagem* Urbi et orbi *durante o Momento Extraordinário de oração em tempo de epidemia*, Adro da Basílica de São Pedro, 27 de março de 2020.

Rever-nos nesta narrativa, é fácil; difícil é entender o comportamento de Jesus. Enquanto os discípulos naturalmente se sentem alarmados e desesperados, Ele está na popa, na parte do barco que afunda primeiro... E que faz? Não obstante a tempestade, dorme tranquilamente, confiado no Pai (é a única vez no Evangelho que vemos Jesus a dormir). Acordam-No; mas, depois de acalmar o vento e as águas, Ele volta-Se para os discípulos em tom de censura: «Porque sois tão medrosos? Ainda não tendes fé?» (4,40).

Procuremos compreender. Em que consiste esta falta de fé dos discípulos, que se contrapõe à confiança de Jesus? Não é que deixaram de crer N'Ele, pois invocam-No; mas vejamos como O invocam: «Mestre, não Te importas que pereçamos?» (4,38) *Não Te importas*: pensam que Jesus Se tenha desinteressado deles, não cuide deles. Entre nós, nas nossas famílias, uma das coisas que mais dói é ouvirmos dizer: «Não te importas de mim». É uma frase que fere e desencadeia turbulência no coração. Terá abalado também Jesus, pois não há ninguém que se importe mais de nós do que Ele. De facto, uma vez invocado, salva os seus discípulos desalentados.

A tempestade desmascara a nossa vulnerabilidade e deixa a descoberto as falsas e supérfluas seguranças com que construímos os nossos programas, os nossos projetos, os nossos hábitos e prioridades. Mostra-nos como deixamos adormecido e abandonado aquilo que nutre, sustenta e dá força à nossa vida e à nossa comunidade. A tempestade põe a descoberto todos os propósitos de «empacotar» e esquecer o que alimentou a alma dos nossos povos; todas as tentativas de anestesiar com hábitos aparentemente «salvadores», incapazes de fazer apelo às nossas raízes e evocar a memória dos nossos idosos, privando-nos assim da imunidade necessária para enfrentar as adversidades.

Com a tempestade, caiu a maquilhagem dos estereótipos com que mascaramos o nosso «eu» sempre preocupado com a própria imagem; e ficou a descoberto, uma vez mais, aquela (abençoada) pertença comum a que não nos podemos subtrair: a pertença como irmãos.

«Porque sois tão medrosos? Ainda não tendes fé?» Nesta tarde, Senhor, a tua Palavra atinge e toca-nos a todos. Neste nosso mundo, que Tu amas mais do que nós, avançamos a toda velocidade, sentindo-nos em tudo fortes e capazes. Na nossa avidez de lucro, deixamo-nos absorver pelas coisas e transtornar pela pressa. Não nos detivemos perante os teus apelos, não despertamos face a guerras e injustiças planetárias, não ouvimos o grito

dos pobres e do nosso planeta gravemente enfermo. Avançamos, destemidos, pensando que continuaríamos sempre saudáveis num mundo doente. Agora nós, sentindo-nos em mar agitado, imploramos-Te: «Acorda, Senhor!»

«*Porque sois tão medrosos? Ainda não tendes fé?*» Senhor, lanças-nos um apelo, um apelo à fé. Esta não é tanto acreditar que Tu existes, como sobretudo vir a Ti e fiar-se de Ti. Nesta Quaresma, ressoa o teu apelo urgente: «Convertei-vos…». «Convertei-Vos a Mim de todo o vosso coração» (*Jl* 2,12). Chamas-nos a aproveitar este tempo de prova como *um tempo de decisão*. Não é o tempo do teu juízo, mas do nosso juízo: o tempo de decidir o que conta e o que passa, de separar o que é necessário daquilo que não o é. É o tempo de reajustar a rota da vida rumo a Ti, Senhor, e aos outros. E podemos ver tantos companheiros de viagem exemplares, que, no medo, reagiram oferecendo a própria vida. É a força operante do Espírito derramada e plasmada em entregas corajosas e generosas. É a vida do Espírito, capaz de resgatar, valorizar e mostrar como as nossas vidas são tecidas e sustentadas por pessoas comuns (habitualmente esquecidas), que não aparecem nas manchetes dos jornais e revistas, nem nas grandes passarelas do último espetáculo, mas que hoje estão, sem dúvida, a escrever os acontecimentos decisivos da nossa história: médicos, enfermeiros e enfermeiras, trabalhadores dos supermercados, pessoal da limpeza, curadores, transportadores, forças policiais, voluntários, sacerdotes, religiosas e muitos – mas muitos – outros que compreenderam que ninguém se salva sozinho. Perante o sofrimento, onde se mede o verdadeiro desenvolvimento dos nossos povos, descobrimos e experimentamos a oração sacerdotal de Jesus: «Que todos sejam um só» (*Jo* 17,21). Quantas pessoas dia a dia exercitam a paciência e infundem esperança, tendo a peito não semear pânico, mas corresponsabilidade! Quantos pais, mães, avôs e avós, professores mostram às nossas crianças, com pequenos gestos do dia a dia, como enfrentar e atravessar uma crise, readaptando hábitos, levantando o olhar e estimulando a oração! Quantas pessoas rezam, se imolam e intercedem pelo bem de todos! A oração e o serviço silencioso: são as nossas armas vencedoras.

«Porque sois tão medrosos? Ainda não tendes fé?» O início da fé é reconhecer-se necessitado de salvação. Não somos autossuficientes, sozinhos afundamos: precisamos do Senhor como os antigos navegadores, das estrelas. Convidemos Jesus a subir para o barco

da nossa vida. Confiemos-Lhe os nossos medos, para que Ele os vença. Com Ele a bordo, experimentaremos – como os discípulos – que não há naufrágio. Porque esta é a força de Deus: fazer resultar em bem tudo o que nos acontece, mesmo as coisas ruins. Ele serena as nossas tempestades, porque, com Deus, a vida não morre jamais.

O Senhor interpela-nos e, no meio da nossa tempestade, convida-nos a despertar e ativar a solidariedade e a esperança, capazes de dar solidez, apoio e significado a estas horas em que tudo parece naufragar. O Senhor desperta, para acordar e reanimar a nossa fé pascal. Temos uma âncora: na sua cruz, fomos salvos. Temos um leme: na sua cruz, fomos resgatados. Temos uma esperança: na sua cruz, fomos curados e abraçados, para que nada e ninguém nos separe do seu amor redentor. No meio deste isolamento que nos faz padecer a limitação de afetos e encontros e experimentar a falta de tantas coisas, ouçamos mais uma vez o anúncio que nos salva: Ele ressuscitou e vive ao nosso lado. Da sua cruz, o Senhor desafia-nos a encontrar a vida que nos espera, a olhar para aqueles que nos reclamam, a reforçar, reconhecer e incentivar a graça que mora em nós. Não apaguemos a mecha que ainda fumega (cf. *Is* 42,3), que nunca adoece, e deixemos que reacenda a esperança.

Abraçar a sua cruz significa encontrar a coragem de abraçar todas as contrariedades da hora atual, abandonando por um momento a nossa ânsia de omnipotência e possessão, para dar espaço à criatividade que só o Espírito é capaz de suscitar. Significa encontrar a coragem de abrir espaços onde todos possam sentir-se chamados e permitir novas formas de hospitalidade, de fraternidade e de solidariedade. Na sua cruz, fomos salvos para acolher a esperança e deixar que seja ela a fortalecer e sustentar todas as medidas e estradas que nos possam ajudar a salvaguardar-nos e a salvaguardar. Abraçar o Senhor, para abraçar a esperança. Aqui está a força da fé, que liberta do medo e dá esperança.

«Porque sois tão medrosos? Ainda não tendes fé?» Queridos irmãos e irmãs, deste lugar que atesta a fé rochosa de Pedro, gostaria nesta tarde de vos confiar a todos ao Senhor, pela intercessão de Nossa Senhora, saúde do seu povo, estrela do mar em tempestade. Desta colunata que abraça Roma e o mundo desça sobre vós, como um abraço consolador, a bênção de Deus. Senhor, abençoa o mundo, dá saúde aos corpos e conforto aos corações! Pedes-nos para não ter medo; a nossa fé, porém, é fraca e

sentimo-nos temerosos. Mas Tu, Senhor, não nos deixes à mercê da tempestade. Continua a repetir-nos: «Não tenhais medo!» (*Mt* 14,27). E nós, juntamente com Pedro, «confiamos-Te todas as nossas preocupações, porque Tu tens cuidado de nós» (cf. *1 Ped* 5,7).

A PREPARAÇÃO PARA O DEPOIS É IMPORTANTE

Caro[35] irmão,

obrigado pela sua mensagem. Todos nós estamos preocupados com a progressão geométrica da pandemia. Estou edificado pela reação de muitas pessoas, médicos, enfermeiros, voluntários, religiosos, sacerdotes, arriscando suas vidas para curar e defender pessoas saudáveis do contágio. Alguns governos têm tomado medidas exemplares com prioridades claras para defender a população. É verdade que essas medidas são pesadas para aqueles que se veem obrigados a observá-las, mas é sempre para o bem comum e, em geral, a maioria das pessoas as aceita e age com atitude positiva.

Governos que enfrentam a crise desta forma mostram a prioridade de suas decisões: as pessoas primeiro. E isso é importante porque todos sabemos que defender o povo significa um colapso econômico. Seria triste se eles escolhessem o contrário, o que levaria à morte de muitas pessoas, uma espécie de genocídio viral.

---

[35] *Carta a Roberto Andrés Gallardo*, 30 de março de 2020.

Na sexta-feira tivemos uma reunião com o Dicastério para o Serviço do Desenvolvimento Humano Integral para refletir sobre o hoje e o amanhã. A preparação para o depois é importante. Já podemos ver algumas consequências que precisam ser enfrentadas: fome, especialmente para pessoas sem emprego permanente (trabalho precário, etc.), violência, o aparecimento de usurários (que são a verdadeira chaga do amanhã social, criminosos desumanos), etc.

Sobre o futuro econômico é interessante a visão da economista Mariana Mazzucato, professora do University College London (*O valor de tudo. Fazer e tirar na economia global*, Temas e Debates, 2019). Quem o produz e quem o tira na economia global", Laterza 2018). Eu acho que ajuda pensar no futuro.

Queridas saudações a tua mãe, por favor não te esqueças de rezar por mim; eu faço isso por ti. Que o Senhor te abençoe e que a Santíssima Virgem te proteja.

Fraternalmente

COMO UMA NOVA CHAMA

Queridos[36] irmãos e irmãs, feliz Páscoa!

Hoje ecoa em todo o mundo o anúncio da Igreja: «Jesus Cristo ressuscitou»; «ressuscitou verdadeiramente»!

Como uma nova chama, se acendeu esta Boa Nova na noite: a noite dum mundo já a braços com desafios epocais e agora oprimido pela pandemia, que coloca à dura prova a nossa grande família humana. Nesta noite, ressoou a voz da Igreja: «Cristo, minha esperança, ressuscitou!» (*Sequência da Páscoa*).

É um «contágio» diferente, que se transmite de coração a coração, porque todo o coração humano aguarda esta Boa Nova. É o contágio da esperança: «Cristo, minha esperança, ressuscitou!» Não se trata duma fórmula mágica, que faça desvanecerem-se os problemas. Não! A ressurreição de Cristo não é isso. Mas é a vitória do amor sobre a raiz do mal, uma vitória que não «salta» por cima do sofrimento e da morte, mas atravessa-os abrindo uma estrada no abismo, transformando o mal em bem: marca exclusiva do poder de Deus.

---

[36] *Mensagem* Urbi et orbi – *Páscoa*, Basílica Vaticana, 12 de abril de 2020.

O Ressuscitado é o Crucificado; e não outra pessoa. Indeléveis no seu corpo glorioso, traz as chagas: feridas que se tornaram frestas de esperança. Para Ele, voltamos o nosso olhar para que sare as feridas da humanidade atribulada.

Hoje penso sobretudo em quantos foram atingidos diretamente pelo coronavírus: os doentes, os que morreram e os familiares que choram a partida dos seus queridos e por vezes sem conseguir sequer dizer-lhes o último adeus.

O Senhor da vida acolha junto de Si no seu Reino os falecidos e dê conforto e esperança a quem ainda está na prova, especialmente aos idosos e às pessoas sem ninguém. Não deixe faltar a sua consolação e os auxílios necessários a quem se encontra em condições de particular vulnerabilidade, como aqueles que trabalham nas casas de cura ou vivem nos quartéis e nas prisões.

Para muitos, é uma Páscoa de solidão, vivida entre lutos e tantos incómodos que a pandemia está a causar, desde os sofrimentos físicos até aos problemas económicos.

Esta epidemia não nos privou apenas dos afetos, mas também da possibilidade de recorrer pessoalmente à consolação que brota dos Sacramentos, especialmente da Eucaristia e da Reconciliação. Em muitos países, não foi possível aceder a eles, mas o Senhor não nos deixou sozinhos! Permanecendo unidos na oração, temos a certeza de que Ele colocou sobre nós a sua mão (cf. *Sal* 139/138, 5), repetindo a cada um com veemência: Não tenhas medo! «Ressuscitei e estou contigo para sempre» (cf. *Missal Romano*).

Jesus, nossa Páscoa, dê força e esperança aos médicos e enfermeiros, que por todo o lado oferecem um testemunho de solicitude e amor ao próximo até ao extremo das forças e, por vezes, até ao sacrifício da própria saúde. Para eles, bem como para quantos trabalham assiduamente para garantir os serviços essenciais necessários à convivência civil, para as forças da ordem e os militares que em muitos países contribuíram para aliviar as dificuldades e tribulações da população, vai a nossa saudação afetuosa juntamente com a nossa gratidão.

Nestas semanas, alterou-se improvisamente a vida de milhões de pessoas. Para muitos, ficar em casa foi uma ocasião para refletir, parar os ritmos frenéticos da vida, permanecer com os próprios familiares e desfrutar da sua companhia. Mas, para muitos outros, é também um momento de preocupação pelo futuro que se apresenta incerto, pelo emprego que se corre o risco de perder e pelas outras consequências que acarreta a atual crise. Encorajo todas as pessoas que detêm responsabilidades políticas a trabalhar ativamente em prol do bem comum dos cidadãos, fornecendo os meios e instrumentos necessários para permitir a todos que levem uma vida digna e favorecer – logo que as circunstâncias o permitam – a retoma das atividades diárias habituais.

Este não é tempo para a indiferença, porque o mundo inteiro está a sofrer e deve sentir-se unido ao enfrentar a pandemia. Jesus ressuscitado dê esperança a todos os pobres, a quantos vivem nas periferias, aos refugiados e aos sem abrigo. Não sejam deixados sozinhos estes irmãos e irmãs mais frágeis, que povoam as cidades e as periferias de todas as partes do mundo. Não lhes deixemos faltar os bens de primeira necessidade, mais difíceis de encontrar agora que muitas atividades estão encerradas, bem como os medicamentos e sobretudo a possibilidade duma assistência sanitária adequada. Em consideração das presentes circunstâncias, sejam abrandadas também as sanções internacionais que impedem os países visados de proporcionar apoio adequado aos seus cidadãos e seja permitido a todos os Estados acudir às maiores necessidades do momento atual, reduzindo – se não mesmo perdoando – a dívida que pesa sobre os orçamentos dos mais pobres.

Este não é tempo para egoísmos, pois o desafio que enfrentamos nos une a todos e não faz distinção de pessoas. Dentre as muitas áreas do mundo afetadas pelo coronavírus, penso de modo especial na Europa. Depois da II Guerra Mundial, este Continente pôde ressurgir graças a um espírito concreto de solidariedade, que lhe permitiu superar as rivalidades do passado. É muito urgente, sobretudo nas circunstâncias presentes, que tais rivalidades não retomem vigor; antes, pelo contrário, todos se reconheçam como parte duma única família e se apoiem mutuamente. Hoje, à sua frente, a União Europeia tem um desafio epocal, de que dependerá não apenas o futuro dela, mas também o do mundo inteiro. Não se perca esta ocasião para dar nova prova de solidariedade, inclusive recorrendo a soluções inovadoras. Como alternativa, resta apenas o egoísmo dos interesses particulares e a tentação dum regresso ao passado, com o risco de colocar à dura prova a convivência pacífica e o progresso das próximas gerações.

Este não é tempo para divisões. Cristo, nossa paz, ilumine a quantos têm responsabilidades nos conflitos, para que tenham a

coragem de aderir ao apelo a um cessar-fo-
go global e imediato em todos os cantos do
mundo. Este não é tempo para continuar a fa-
bricar e comercializar armas, gastando somas
enormes que deveriam ser usadas para cuidar
das pessoas e salvar vidas. Ao contrário, seja
o tempo em que finalmente se ponha termo à
longa guerra que ensanguentou a amada Sí-
ria, ao conflito no Iémen e às tensões no Ira-
que, bem como no Líbano. Seja este o tempo
em que retomem o diálogo israelitas e pales-
tinenses para encontrar uma solução estável
e duradoura que permita a ambos os povos
viverem em paz. Cessem os sofrimentos da
população que vive nas regiões orientais da
Ucrânia. Ponha-se termo aos ataques terroris-
tas perpetrados contra tantas pessoas inocen-
tes em vários países da África.

Este não é tempo para o esquecimento.
A crise que estamos a enfrentar não nos faça
esquecer muitas outras emergências que acar-
retam sofrimentos a tantas pessoas. Que o Senhor da vida Se mostre próximo das popula-
ções da Ásia e da África que estão a atravessar
graves crises humanitárias, como na Região
de Cabo Delgado, no norte de Moçambique.
Acalente o coração das inúmeras pessoas re-
fugiadas e deslocadas por causa de guerras,
seca e carestia. Proteja os inúmeros migran-

tes e refugiados, muitos deles crianças, que vivem em condições insuportáveis, especialmente na Líbia e na fronteira entre a Grécia e a Turquia. E não quero esquecer a ilha de Lesbos. Faça com que na Venezuela se chegue a soluções concretas e imediatas, destinadas a permitir a ajuda internacional à população que sofre por causa da grave conjuntura política, socioeconómica e sanitária.

Queridos irmãos e irmãs,

Verdadeiramente palavras como indiferença, egoísmo, divisão, esquecimento não são as que queremos ouvir neste tempo. Mais, queremos bani-las de todos os tempos! Aquelas parecem prevalecer quando em nós vencem o medo e a morte, isto é, quando não deixamos o Senhor Jesus vencer no nosso coração e na nossa vida. Ele, que já derrotou a morte abrindo-nos a senda da salvação eterna, dissipe as trevas da nossa pobre humanidade e introduza-nos no seu dia glorioso, que não conhece ocaso.

Com estas reflexões, gostaria de vos desejar a todos uma Páscoa feliz.

A UM EXÉRCITO INVISÍVEL

Queridos[37] amigos,

Lembro-me com frequência de nossos encontros: dois no Vaticano e um em Santa Cruz de la Sierra e confesso que essa "memória" me faz bem, me aproxima de vocês, me faz repensar em tantos diálogos durante esses encontros e em tantas esperanças que ali nasceram e cresceram e muitas delas se tornaram realidade. Agora, no meio dessa pandemia, eu me lembro de vocês de uma maneira especial e quero estar perto de vocês.

Nestes dias de tanta angústia e dificuldade, muitos se referiram à pandemia que sofremos com metáforas bélicas. Se a luta contra o COVID-19 é uma guerra, vocês são um verdadeiro exército invisível que luta nas trincheiras mais perigosas. Um exército sem outra arma senão a solidariedade, a esperança e o sentido da comunidade que reverdecem nos dias de hoje em que ninguém se salva sozinho. Vocês são para mim, como lhes disse em nossas reuniões, verdadeiros poetas sociais,

---

[37] *Carta aos Movimentos Populares*, 12 de abril de 2020.

que desde as periferias esquecidas criam soluções dignas para os problemas mais prementes dos excluídos.

Eu sei que muitas vezes vocês não são reconhecidos adequadamente porque, para este sistema, são verdadeiramente invisíveis. As soluções do mercado não chegam às periferias e a presença protetora do Estado é escassa. Nem vocês têm os recursos para realizar as funções próprias do Estado. Vocês são vistos com suspeita por superarem a mera filantropia por meio da organização comunitária ou por reivindicarem seus direitos, em vez de ficarem resignados à espera de ver se alguma migalha cai daqueles que detêm o poder econômico. Muitas vezes mastigam raiva e impotência quando veem as desigualdades que persistem mesmo quando terminam todas as desculpas para sustentar privilégios. No entanto, vocês não se encerram na denúncia: arregaçam as mangas e continuam a trabalhar para suas famílias, seus bairros, para o bem comum. Essa atitude de vocês me ajuda, questiona e ensina muito.

Penso nas pessoas, especialmente mulheres, que multiplicam o pão nos refeitórios comunitários, cozinhando com duas cebolas e um pacote de arroz um delicioso guisado para centenas de crianças, penso nos doentes, penso nos idosos. Elas nunca aparecem na mídia convencional. Tampouco os camponeses e os agricultores familiares, que continuam a trabalhar para produzir alimentos saudáveis, sem destruir a natureza, sem monopolizá-los ou especular com a necessidade do povo. Quero que saibam que nosso Pai Celestial olha para vocês, vos valoriza, reconhece e fortalece em sua escolha. Quão difícil é ficar em casa para quem mora em uma pequena casa precária ou para quem de fato não tem teto. Quão difícil é para os migrantes, as pessoas privadas de liberdade ou para aqueles que realizam um processo de cura para dependências. Vocês estão lá, colocando seu corpo ao lado deles, para tornar as coisas menos difíceis, menos dolorosas. Congratulo a vocês e agradeço do fundo do meu coração. Espero que os governos entendam que os paradigmas tecnocráticos (sejam centrados no estado, sejam centrados no mercado) não são suficientes para enfrentar esta crise e nem os outros problemas importantes da humanidade. Agora, mais do que nunca, são as pessoas, as comunidades, os povos que devem estar no centro, unidos para curar, cuidar, compartilhar.

Eu sei que vocês foram excluídos dos benefícios da globalização. Não desfrutam daqueles prazeres superficiais que anestesiam tantas consciências. Apesar disso, vocês sempre sofrem os danos dessa globalização. Os males que afligem a todos, a vocês atingem duplamente. Muitos de vocês vivem o dia a dia sem nenhum tipo de garantias legais que os protejam. Os vendedores ambulantes, os recicladores, os feirantes, os pequenos agricultores, os pedreiros, as costureiras, os que realizam diferentes tarefas de cuidado. Vocês, trabalhadores informais, independentes ou da economia popular, não têm um salário estável para resistir a esse momento ... e as quarentenas são insuportáveis para vocês. Talvez seja a hora de pensar em um salário universal que reconheça e dignifique as tarefas nobres e insubstituíveis que vocês realizam; capaz de garantir e tornar realidade esse slogan tão humano e cristão: nenhum trabalhador sem direitos.

Também gostaria de convidá-los a pensar no "depois", porque esta tempestade vai acabar e suas sérias consequências já estão sendo sentidas. Vocês não são uns improvisados, têm a cultura, a metodologia, mas principalmente a sabedoria que é amassada com o fermento de sentir a dor do outro como sua. Quero que pensemos no projeto de desenvolvimento humano integral que ansiamos, focado no protagonismo dos Povos em toda a sua diversidade e no acesso universal aos três

T que vocês defendem: terra e comida, teto e trabalho. Espero que esse momento de perigo nos tire do piloto automático, sacuda nossas consciências adormecidas e permita uma conversão humanística e ecológica que termine com a idolatria do dinheiro e coloque a dignidade e a vida no centro. Nossa civilização, tão competitiva e individualista, com suas taxas frenéticas de produção e consumo, seus luxos excessivos e lucros desmedidos para poucos, precisa mudar, se repensar, se regenerar. Vocês são construtores indispensáveis dessa mudança urgente; além disso, vocês possuem uma voz autorizada para testemunhar que isso é possível. Vocês conhecem crises e privações ... que com modéstia, dignidade, comprometimento, esforço e solidariedade, conseguem transformar em uma promessa de vida para suas famílias e comunidades.

Mantenham vossa luta e cuidem-se como irmãos. Oro por vocês, oro com vocês e quero pedir ao nosso Deus Pai que os abençoe, encha vocês com o seu amor e os defenda ao longo do caminho, dando-lhes a força que nos mantém vivos e não desaponta: a esperança. Por favor, orem por mim que eu também preciso.

Fraternalmente

Um plano para ressurgir

"Jesus[38] apresentou-se diante delas e disse-lhes: 'Alegrai-vos'" (cf. *Mt* 28,9). São as primeiras palavras do Ressuscitado depois que Maria Madalena e a outra Maria descobriram o sepulcro vazio, deparando-se com o anjo. O Senhor vai ao encontro delas para transformar o seu luto em alegria e para as consolar no meio das aflições (cf. *Jr* 31,13). É o Ressuscitado que quer ressuscitar as mulheres e, com elas, a humanidade inteira para uma nova vida. Quer que comecemos a participar já da condição de ressuscitados que nos espera.

Convidar à alegria poderia parecer-nos uma provocação, e até uma piada de mau gosto, diante das graves consequências que estamos a sofrer por causa da Covid-19. Não são poucos aqueles que, como os discípulos de Emaús, o podem considerar um gesto de ignorância ou irresponsabilidade (cf. *Lc* 24,17-

---

[38] Carta redigida em espanhol, enviada a «Vida Nueva», revista e portal de notícias religiosas e eclesiásticas, que a publicou no dia 17 de abril de 2020. A tradução portuguesa foi feita por *L'Osservatore Romano*.

19). Como as primeiras discípulas que foram ao sepulcro, vivemos circundados por um clima de dor e de incerteza, que nos leva a perguntar-nos: «Quem removerá a pedra do sepulcro para nós?» (*Mc* 16,3). Como enfrentaremos esta situação, que nos dominou completamente? O impacto de tudo o que está a acontecer, as graves consequências que já se assinalam e se divisam, a dor e o luto pelos nossos entes queridos desorientam-nos, angustiam-nos e paralisam-nos. É o peso da pedra sepulcral que se impõe perante o futuro e que, com o seu realismo, ameaça enterrar toda a esperança. É o peso da angústia de pessoas vulneráveis e idosas que passam pela quarentena na solidão mais absoluta, é o peso das famílias que já não sabem como pôr na mesa um prato de comida, é o peso dos profissionais da saúde e da segurança, quando se sentem exaustos e sobrecarregados... este peso que parece ter a última palavra.

No entanto, é comovedor recordar a atitude das mulheres do Evangelho. Perante as dúvidas, o sofrimento, a perplexidade e até o medo da perseguição e de tudo o que lhes poderia ter acontecido, conseguiram pôr-se em movimento e não se deixarem paralisar pelo que estava a acontecer. Por amor ao Mestre, e com aquele típico génio feminino, insubstituível e abençoado, foram capazes de aceitar a vida tal como se apresentava e, astutamente, de contornar os obstáculos para estar ao lado do seu Senhor. Ao contrário de muitos dos Apóstolos que fugiram, dominados pelo medo e pela insegurança, que negaram o Senhor e fugiram (cf. *Jo* 18,25-27), elas, sem fugir nem ignorar o que estava a acontecer, sem fugir nem escapar... simplesmente souberam estar presentes e acompanhar. Como as primeiras discípulas que, no meio da escuridão e do desânimo, encheram a sua bolsa de óleos aromáticos e partiram para ungir o Mestre sepultado (cf. *Mc* 16,1), também nós pudemos ver, durante este tempo, muitos que procuraram levar a unção da corresponsabilidade para cuidar e não pôr em risco a vida dos outros. Ao contrário dos que fugiram na esperança de se salvar a si próprios, fomos testemunhas do modo como vizinhos e familiares se comprometeram, com esforço e sacrifício, a permanecer em casa e assim a impedir a propagação. Descobrimos que muitas pessoas, que já viviam e tinham de enfrentar a pandemia da exclusão e da indiferença, continuaram a trabalhar, acompanhando e apoiando-se umas às outras, para que a situação seja (ou melhor, fosse) menos dolorosa. Vimos a unção ser derramada por médicos, enfermeiros e enfermeiras, armazenistas, pessoal de limpeza, cuidadores, transportadores, forças de segurança, voluntários, sacerdotes, religiosas, avós, educadores e muitos outros que tiveram a coragem de oferecer tudo o que tinham para proporcionar um pouco de cuidado, calma e coragem diante desta situação. Não obstante a pergunta continuasse a ser a mesma: «Quem removerá a pedra do sepulcro para nós?» (*Mc* 16,3), nenhum deles deixou de fazer o que sentia que podia e devia dar.

E foi justamente ali, no meio das suas ocupações e preocupações, que as discípulas foram surpreendidas por um anúncio veemente: «Não está aqui, ressuscitou!». A unção delas não era para a morte, mas para a vida. A sua vigilância e acompanhamento do Senhor, até na morte e no maior desespero, não foi em vão; aliás, permitiu-lhes ser ungidas pela Ressurreição: não estavam sozinhas, Ele estava vivo e precedia-as ao longo do caminho. Só uma notícia veemente era capaz de quebrar o círculo que as impedia de ver que a pedra já tinha sido removida, e que o perfume derramado tinha mais capacidade de propagação do que aquilo que as ameaçava. Esta é a fonte da nossa alegria e esperança, que transforma a nossa ação: as nossas unções, a nossa dedicação... o nosso vigiar e acompanhar de todas as formas possíveis neste tempo não são nem serão vãos: não é dedicação à morte. Todas as vezes que participamos na Paixão do Senhor, acompanhamos a paixão dos nossos irmãos, vivendo também a mesma paixão, os nossos ouvidos ouvirão a novidade da Ressurreição: não estamos sozinhos, o Senhor precede-nos no nosso caminho, removendo as pedras que nos paralisam. Esta boa nova fez com que aquelas mulheres voltassem a percorrer os seus passos em busca dos Apóstolos e dos discípulos que ficaram escondidos para lhes dizer: «A vida arrancada, destruída, aniquilada na Cruz despertou e voltou a palpitar».[39] Esta é a nossa esperança, aquela que não nos poderá ser arrancada, silenciada nem contaminada. Toda a vida de serviço e amor que oferecestes neste tempo voltará a pulsar. É suficiente abrir uma fenda para que a unção que o Senhor nos quer conceder se propague com força inexorável e nos permita contemplar a dolorosa realidade com um olhar renovador.

E, como as mulheres do Evangelho, também nós somos insistentemente convidados a percorrer de novo os nossos passos, deixan-

---

[39] ROMANO GUARDINI, *El Señor. Meditaciones sobre la persona y la vida de Jesucristo*, Cristiandad S.L., 2002, 504 (edição em portugués: *O Senhor*, Agir, 1964).

do-nos transformar por este anúncio: com a sua novidade, o Senhor pode renovar sempre a nossa vida e a da nossa comunidade.[40] Nesta terra desolada, o Senhor compromete-se a regenerar a beleza e a fazer renascer a esperança: «Eis que vou fazer uma obra nova, que já surge: não a vedes?» (*Is* 43,19). Deus jamais abandona o seu povo, está sempre ao seu lado, especialmente quando a dor se torna mais presente.

Se pudemos aprender algo em todo este tempo, é que ninguém se salva sozinho. As fronteiras caem, as paredes desabam e todos os discursos fundamentalistas se dissolvem perante uma presença quase impercetível, que manifesta a fragilidade de que somos feitos. A Páscoa convoca-nos e convida-nos a recordar esta outra presença discreta e respeitosa, generosa e reconciliadora, capaz de não quebrar a cana rachada, nem de apagar a mecha que ainda fumega (cf. *Is* 42,2-3), para fazer pulsar a nova vida que quer conceder a todos nós. É o sopro do Espírito que abre horizontes, desperta a criatividade e nos renova na fraternidade para dizer "presente" (ou, eis-me) perante a enorme e inadiável tarefa que

---

[40] Cf. ex. ap. *Evangelii gaudium*, 24 de Novembro de 2013, 11.

nos espera. É urgente discernir e encontrar a pulsação do Espírito para dar impulso, juntamente com outros, a dinâmicas que possam testemunhar e canalizar a nova vida que o Senhor quer gerar neste momento concreto da história. Este é o tempo favorável do Senhor, que nos pede para não nos conformarmos nem nos contentarmos e, ainda menos, para não nos justificarmos com lógicas substitutivas ou paliativas, que nos impedem de suportar o impacto e as graves consequências do que estamos a viver. Este é o momento propício para encontrar a coragem de uma nova imaginação do possível, com o realismo que só o Evangelho nos pode oferecer. O Espírito, que não se deixa fechar nem instrumentalizar com esquemas, modalidades e estruturas fixas ou caducas, propõe-nos que nos unamos ao seu movimento, capaz de «renovar todas as coisas» (*Ap* 21,5).

Neste momento, compreendemos a importância de «unir toda a família humana na busca de um desenvolvimento sustentável e integral».[41] Cada ação individual não é um ato isolado, para o bem ou para o mal. Tem consequências para os outros, pois na nossa

---

[41] *Laudato si'*, 13.

casa comum tudo está interligado; as autoridades da saúde ordenam o confinamento em casa, mas são as pessoas que o tornam possível, conscientes da sua corresponsabilidade para impedir a pandemia. «Uma emergência como a da Covid-19 derrota-se antes de tudo com os anticorpos da solidariedade».[42] Uma lição que interromperá todo o fatalismo em que nos imergimos e nos permitirá sentir-nos novamente criadores e protagonistas de uma história comum e, assim, responder juntos a tantos males que afligem milhões de pessoas no mundo inteiro. Não podemos dar-nos ao luxo de escrever a história presente e futura virando as costas ao sofrimento de tantos. É o Senhor que nos perguntará de novo: «Onde está o teu irmão?» (*Gn* 4,9) e, na nossa capacidade de resposta, possa revelar-se a alma dos nossos povos, aquele reservatório de esperança, fé e caridade em que fomos gerados e que, durante muito tempo, anestesiamos e silenciamos.

Se agirmos como um só povo, até diante das outras epidemias que nos ameaçam, poderemos ter um impacto real. Seremos ca-

---

[42] Pontifícia Academia para a Vida, *Pandemia e fraternidade universal, Nota sobre a emergência de Covid-19*, 30 de março de 2020, 4.

pazes de agir de forma responsável perante a fome que muitos sofrem, conscientes de que há comida para todos? Continuaremos a olhar para o outro lado, com um silêncio cúmplice face a guerras alimentadas por desejos de domínio e de poder? Estaremos dispostos a mudar os estilos de vida que afogam muitos na pobreza, promovendo e encontrando a coragem de levar uma vida mais austera e humana, que permita uma distribuição equitativa dos recursos? Tomaremos, como Comunidade internacional, as medidas necessárias para impedir a devastação do meio ambiente, ou continuaremos a negar a evidência? A globalização da indiferença continuará a ameaçar e a tentar o nosso caminho... Que ela nos encontre com os necessários anticorpos da justiça, da caridade e da solidariedade. Não devemos ter medo de viver a alternativa da civilização do amor, que é «uma civilização da esperança: contra a angústia e o medo, a tristeza e o desânimo, a passividade e o cansaço. A civilização do amor constrói-se diariamente, sem interrupções. Pressupõe um esforço concertado de todos. Para isto, requer uma comunidade de irmãos comprometidos».[43]

---

[43] Eduardo Pironio, *Diálogo con laicos*, Buenos Aires, Patria Grande 1986.

Espero que, neste tempo de tribulação e de luto, onde estiverdes possais fazer a experiência de Jesus, que vem ao teu encontro, te saúda e te diz: "Alegra-te" (cf. *Mt* 28,9). E que esta saudação nos mobilize para invocar e amplificar a boa nova do Reino de Deus.

O EGOÍSMO: UM VÍRUS AINDA PIOR

Queridos[44] irmãos e irmãs, na provação que estamos a atravessar, também nós, com os nossos medos e as nossas dúvidas como Tomé, nos reconhecemos frágeis. Precisamos do Senhor, que, mais além das nossas fragilidades, vê em nós uma beleza indelével. Com Ele, descobrimo-nos preciosos nas nossas fragilidades. Descobrimos que somos como belíssimos cristais, simultaneamente frágeis e preciosos. E se formos transparentes diante d'Ele como o cristal, a sua luz – a luz da misericórdia – brilhará em nós e, por nosso intermédio, no mundo. Eis aqui o motivo para exultarmos « de alegria – como diz a primeira Carta de Pedro –, se bem que, por algum tempo, [tenhamos] de andar aflitos por diversas provações » (1,6).

Nesta festa da Divina Misericórdia, o anúncio mais encantador chega através do discípulo mais atrasado. Só faltava ele, Tomé. Mas o Senhor esperou por ele. A misericórdia não abandona quem fica para trás. Agora, enquanto pensamos numa recuperação lenta

---

[44] *Homilia para o II Domingo de Páscoa (o da Divina Misericórdia)*, igreja do Santo Espírito em Sassia, 19 de abril de 2020.

e fadigosa da pandemia, é precisamente este perigo que se insinua: esquecer quem ficou para trás. O risco é que nos atinja um vírus ainda pior: o da *indiferença egoísta*. Transmite-se a partir da ideia que a vida melhora se vai melhor para mim, que tudo correrá bem se correr bem para mim. Começando daqui, chega-se a selecionar as pessoas, a descartar os pobres, a imolar no altar do progresso quem fica para trás. Esta pandemia, porém, lembra-nos que não há diferenças nem fronteiras entre aqueles que sofrem. Somos todos frágeis, todos iguais, todos preciosos. Oxalá mexa connosco dentro o que está a acontecer: é tempo de remover as desigualdades, *sanar a injustiça* que mina pela raiz a saúde da humanidade inteira! Aprendamos com a comunidade cristã primitiva, que recebera misericórdia e vivia usando de misericórdia, como descreve o livro dos Atos dos Apóstolos: os crentes « possuíam tudo em comum. Vendiam terras e outros bens e distribuíam o dinheiro por todos, de acordo com as necessidades de cada um » (*At* 2,44-45). Isto não é ideologia; é cristianismo.

Naquela comunidade, depois da ressurreição de Jesus, apenas um ficara para trás e os outros esperaram por ele. Hoje parece dar-se o contrário: uma pequena parte da humanidade avançou, enquanto a maioria ficou para trás. E alguém poderia dizer: « São problemas complexos, não cabe a mim cuidar dos necessitados; outros devem pensar neles ». Depois de encontrar Jesus, Santa Faustina escreveu: « Numa alma sofredora, devemos ver Jesus Crucificado e não um parasita nem um fardo... [Senhor], dais-nos a possibilidade de nos exercitarmos nas obras de misericórdia, e nós exercitamo-nos nas murmurações » (*Diário*, 06/IX/1937). Mas, um dia, ela própria se lamentou com Jesus dizendo que, para ser misericordiosa, passava por ingénua: « Senhor, muitas vezes abusam da minha bondade ». E Jesus retorquiu: « Não importa, minha filha! Não te preocupes! Tu sê sempre misericordiosa para com todos » (*Diário*, 24/XII/1937). Para com todos: não pensemos só nos nossos interesses, nos interesses parciais. Aproveitemos esta prova como uma oportunidade para preparar o amanhã de todos, sem descartar ninguém. De todos. Porque, sem uma visão de conjunto, não haverá futuro para ninguém.

Hoje, o amor desarmado e convincente de Jesus ressuscita o coração do discípulo. Também nós, como o apóstolo Tomé, acolhamos a misericórdia, que é a salvação do mundo. E usemos de misericórdia para com os mais frágeis: só assim reconstruiremos um mundo novo.

Para o mundo dos jornais de rua

As[45] vidas de milhões de pessoas no nosso mundo, que já se confrontam com tantos desafios difíceis e oprimidas pela pandemia, mudaram e estão a ser postas à prova. As pessoas mais frágeis, os invisíveis, os sem-abrigo correm o risco de pagar a conta mais alta.

Por isso, quero saudar o mundo dos jornais de rua e, em especial, os seus vendedores, na sua maioria sem-abrigo, gravemente marginalizados, desempregados: milhares de pessoas em todo o mundo vivem e têm um emprego graças à venda destes jornais extraordinários.

Em Itália estou a pensar na bela experiência de *Scarp de' tenis*, o projeto da Caritas que permite a mais de 130 pessoas em dificuldade ter um rendimento e com ele aceder aos direitos fundamentais de cidadania. E isto não é tudo. Estou a pensar na experiência de mais de 100 jornais de rua de todo o mundo, publicados em 35 países diferentes e em 25 línguas diversas, que garantem trabalho e rendimentos a mais de 20.500 pessoas sem-

---

45 *Carta*, 21 de abril de 2020.

-abrigo no mundo. Há muitas semanas que os jornais de rua não são vendidos e os seus vendedores não conseguem trabalhar. Desejo expressar a minha proximidade a jornalistas, voluntários, pessoas que vivem graças a estes projetos e que, nestes tempos, trabalham com muitas ideias inovadoras. A pandemia tornou o vosso trabalho difícil, mas tenho a certeza de que a grande rede de jornais de rua do mundo voltará mais forte do que antes. Olhar para as pessoas mais pobres, nestes dias, pode ajudar-nos a todos a tomar consciência do que realmente nos está a acontecer e da nossa verdadeira condição. A todos vós, a minha mensagem de encorajamento e de amizade fraterna. Obrigado pelo trabalho que desempenhais, pela informação que distribuís e pelas histórias de esperança que contais.

Superar os desafios globais

Bom[46] dia, estimados irmãos e irmãs!

Hoje celebramos o 50º Dia Mundial da Terra. É uma oportunidade para renovar o nosso compromisso de amar a nossa casa comum e de cuidar dela e dos membros mais fracos da nossa família. Como a trágica pandemia do coronavírus nos demonstra, só unidos e cuidando dos mais frágeis podemos vencer os desafios globais. A Carta Encíclica *Laudato si'* tem precisamente este subtítulo: "Sobre o cuidado da casa comum". Hoje refletiremos um pouco juntos sobre esta responsabilidade que distingue « a nossa passagem por esta terra ».[47] Temos que crescer na consciência do cuidado da casa comum.

Somos feitos de *matéria terrena,* e os frutos da terra sustentam a nossa vida. Mas, como nos recorda o Livro do *Génesis,* não somos simplesmente *"terrestres":* temos em nós também o *sopro vital* que vem de Deus (cf. *Gn* 2,4-7). Portanto, vivemos na casa comum como

---

[46] *Catequese da Audiência Geral na ocasião do 50º Dia Mundial da Terra,* 22 de abril de 2020.
[47] *Laudato si',* 160.

uma família humana e na biodiversidade com as outras criaturas de Deus. Como *imago Dei*, imagem de Deus, somos chamados a cuidar e respeitar todas as criaturas e a nutrir amor e compaixão pelos nossos irmãos e irmãs, especialmente pelos mais fracos, à imitação do amor de Deus por nós, manifestado no seu Filho Jesus, que se fez homem para partilhar connosco esta situação e para nos salvar.

Devido ao egoísmo, falhamos na nossa responsabilidade de guardiães e administradores da Terra. « Basta olhar a realidade com sinceridade para ver que há uma grande deterioração da nossa casa comum ».[48] Poluímo-la, saqueámo-la, colocando em perigo a nossa própria vida. Por isso, formaram-se vários movimentos internacionais e locais para despertar as consciências. Aprecio sinceramente estas iniciativas e ainda será necessário que os nossos filhos saiam às ruas para nos ensinar o que é óbvio, ou seja, que não há futuro para nós se destruirmos o meio ambiente que nos sustenta.

Falhamos na preservação da terra, da nossa casa-jardim, e na tutela dos nossos irmãos. Pecamos contra a terra, contra o nosso

---

[48] *Ibid.*, 61.

próximo e, em última análise, contra o Criador, o bom Pai que vela sobre todos e quer que vivamos juntos em comunhão e prosperidade. E como reage a Terra? Há um ditado espanhol que é muito claro sobre isto, e diz assim: "Deus perdoa sempre; nós, homens, às vezes; a terra, nunca". A terra não perdoa: se deteriorarmos a terra, a resposta será terrível.

Como podemos restabelecer uma relação harmoniosa com a Terra e com o resto da humanidade? Uma relação harmoniosa... Muitas vezes perdemos a visão da harmonia: a harmonia é obra do Espírito Santo. Inclusive na casa comum, na Terra, até no nosso relacionamento com as pessoas, com o próximo, com os mais pobres, como podemos restabelecer esta harmonia? Precisamos de uma nova forma de considerar a nossa casa comum. Atenção, ela não é um depósito de recursos a explorar. Para nós crentes, o mundo natural é o "Evangelho da Criação", que exprime o poder criador de Deus de plasmar a vida humana e de fazer com que o mundo exista juntamente com quanto contém para sustentar a humanidade. A narração bíblica da Criação conclui da seguinte forma: « Deus contemplou toda a sua obra, e viu que tudo era muito bom » (*Gn* 1,31). Quando vemos estas tragédias naturais, que são a resposta da Terra aos nossos maus-tratos, penso: "Se agora eu perguntar ao Senhor o que pensa Ele disto, acho que não me dirá que é algo muito bom. Fomos nós que arruinamos a obra do Senhor!

Ao celebrarmos hoje *o Dia Mundial da Terra*, somos chamados a reencontrar o sentido do respeito sagrado pela Terra, porque ela não é apenas a nossa casa, mas também a casa de Deus. É daqui que brota em nós a consciência de *estarmos num terreno sagrado!*

Caros irmãos e irmãs, « despertemos o sentido estético e contemplativo que Deus colocou em nós ».[49] A profecia da contemplação é algo que aprendemos sobretudo dos povos originários, os quais nos ensinam que não podemos cuidar da Terra se não a amamos nem a respeitamos. Eles têm esta sabedoria do "bem-viver", não no sentido de passar bem, não: mas de viver em harmonia com a Terra. Eles chamam a esta harmonia "bem-viver".

Ao mesmo tempo, precisamos de uma conversão ecológica que se exprima em obras concretas. Como família única e interdependente, temos necessidade de um plano compartilhado, para prevenir as ameaças contra

---

[49] Ex. ap. pós-sin. *Querida Amazonia*, 2 de Fevereiro de 2020, 56.

a nossa casa comum. « A interdependência obriga-nos a pensar num único mundo, num projeto comum ».[50] Estamos conscientes da importância de colaborar como comunidade internacional para a salvaguarda da nossa casa comum. Exorto quantos têm autoridade a liderar o processo que levará a duas grandes Conferências internacionais: a *COP15 sobre a Biodiversidade,* em Kunming (China), e a *COP26 sobre as Mudanças Climáticas,* em Glasgow (Reino Unido). Estes dois encontros são deveras importantes.

Gostaria de encorajar a organização de ações conjuntas também a nível nacional e local. É bom convergir de todas as condições sociais e criar também um movimento popular "a partir de baixo". Foi precisamente assim que nasceu o próprio *Dia Mundial da Terra,* que hoje celebramos. Cada um de nós pode dar a sua pequena contribuição: « E não se pense que estes esforços são incapazes de mudar o mundo. Estas ações espalham na sociedade um bem que frutifica sempre para além do que é possível constatar; provocam no seio desta terra um bem que tende sempre a difundir-se, às vezes invisivelmente ».[51]

---

[50] *Laudato si',* 164.
[51] *Ibid.,* 212.

Neste tempo pascal de renovação, esforcemo-nos por amar e apreciar o magnífico dom da *terra*, nossa casa comum, e por cuidar de todos os membros da família humana. Como irmãos e irmãs que somos, imploremos juntos ao nosso Pai celestial: "Enviai o vosso Espírito e renovai a face da terra" (cf. *Sl* 104,30).

ÍNDICE

9 788882 660449